Einleitung

Osnabrück, zwischen Teutoburger Wald und Wiehengebirge gelegen, ist mit etwa 160 000 Einwohnern die drittgrößte Stadt Niedersachsens und wirtschaftliches sowie kulturelles Oberzentrum für rund 1 Mio. Menschen. Als einzige Großstadt in Deutschland kann sich Osnabrück rühmen, inmitten eines Naturparks zu liegen – dem UNESCO Geopark TERRA.vita.

Osnabrück ist Standort einer Universität, einer Fachhochschule, des römisch-katholischen Bistums Osnabrück, das gegenwärtig von Bischof Dr. Franz-Josef Bode geleitet wird, des Sprengels Osnabrück der Evangelisch-lutherischen Landeskirche Hannover und der Deutschen Bundesstiftung Umwelt sowie der Deutschen Stiftung Friedensforschung (DSF). Die Stadt vergibt alle zwei Jahre den Erich-Maria-Remarque-Friedenspreis zur Erinnerung an das von tiefem Humanismus geprägte Lebenswerk des aus Osnabrück stammenden Schriftstellers Erich Maria Remarque (1898–1970), der sich für die Freiheit und Würde des einzelnen Menschen einsetzte. Im Gebäude Markt 6 ist das Erich Maria Remarque-Friedenszentrum untergebracht.

rechts: Marienkirche
unten: Markt 6: Erich Maria Remarque-Friedenszentrum – Dauerausstellung zu Leben und Werk des in Osnabrück geborenen Autors

Geschichte

Seit 8000 v. Chr. ist die Gegend um Osnabrück besiedelt. Davon zeugen Gräber, Tonkrüge und Geräte sowie Hünengräber. Eisenabbau fand am Piesberg im Zeitraum von 750 v. bis 350 n. Chr. statt.

9 n. Chr. lockte der Cheruskerfürst Arminius drei Legionen der römischen Armee in einen Hinterhalt. Die nach dem römischen Heerführer Varus benannte „Varusschlacht" fand voraussichtlich in einem Waldgebiet bei Kalkriese, ca. 20 km nördlich von Osnabrück, statt. Mehr als 10000 Menschen fanden den Tod.

Die Einführung des Christentums im Osnabrücker Raum erfolgte wahrscheinlich im Rahmen der angelsächsischen Mission seit Mitte des 8. Jahrhunderts. 780 wurde die Siedlung an der Hase, aus der Osnabrück entstehen sollte, Missionszelle mit einer Kirche und zunächst vom Bistum Lüttich aus betreut. Die Gründung des Bistums Osnabrück nur zwanzig Jahre später geht auf Karl den Großen zurück nach dessen erfolgreichen Sachsenkrieg. Erster Bischof von Osnabrück war der Utrechter Benediktiner Wiho (reg. bis 804). Anlässlich der Gründung soll Karl der Große dem Bistum die Gebeine der Märtyrer Crispin und Crispinian aus Soissons geschenkt haben, für die 1220/30 kostbare Schreine geschaffen wurden, die heute einen Teil der Domschatzkammer (s. S. 15) bilden. Die beiden Heiligen sind Nebenpatrone des Doms.

1002 erhielt der Bischof von Kaiser Heinrich II. das Markt-, Münz- und Zollrecht. Kaiser Friedrich Barbarossa, der 1157 Osnabrück besucht hatte, verlieh 1171 dem Ort durch einen eigenen Gerichtsbezirk den Charakter einer Stadt im Rechtssinne. 1217 verwendete die Stadt erstmalig ein eigenes Siegel mit dem heutigen Wappen.

Neben dem Bischof konnte sich eine relativ unabhängige Kaufmannschaft in der Stadt behaupten, die ein bedeutendes Mitglied der Hanse und – als ein wichtiger Warenumschlagplatz – am nordwesteuropäischen Fernhandel beteiligt war.

1543 konvertierte der größte Teil der Bevölkerung zum Protestantismus, das Domkapitel konnte sich jedoch zunächst als katholische Macht behaupten. Die Bischöfe hingegen waren seit 1574 evangelisch.

Im Dreißigjährigen Krieg wechselten die Konfessionen, 1625–34 regierte mit Franz Wilhelm, Graf von Wartenberg, ein Katholik, es folgte mit Gustav Gustavson, Graf von Wasa-

Aufsatz des Kaiserpokals mit der Darstellung Karls des Großen, 14.–16. Jh., Schatzkammer des Rathauses

Blick von der Hase zum Dom

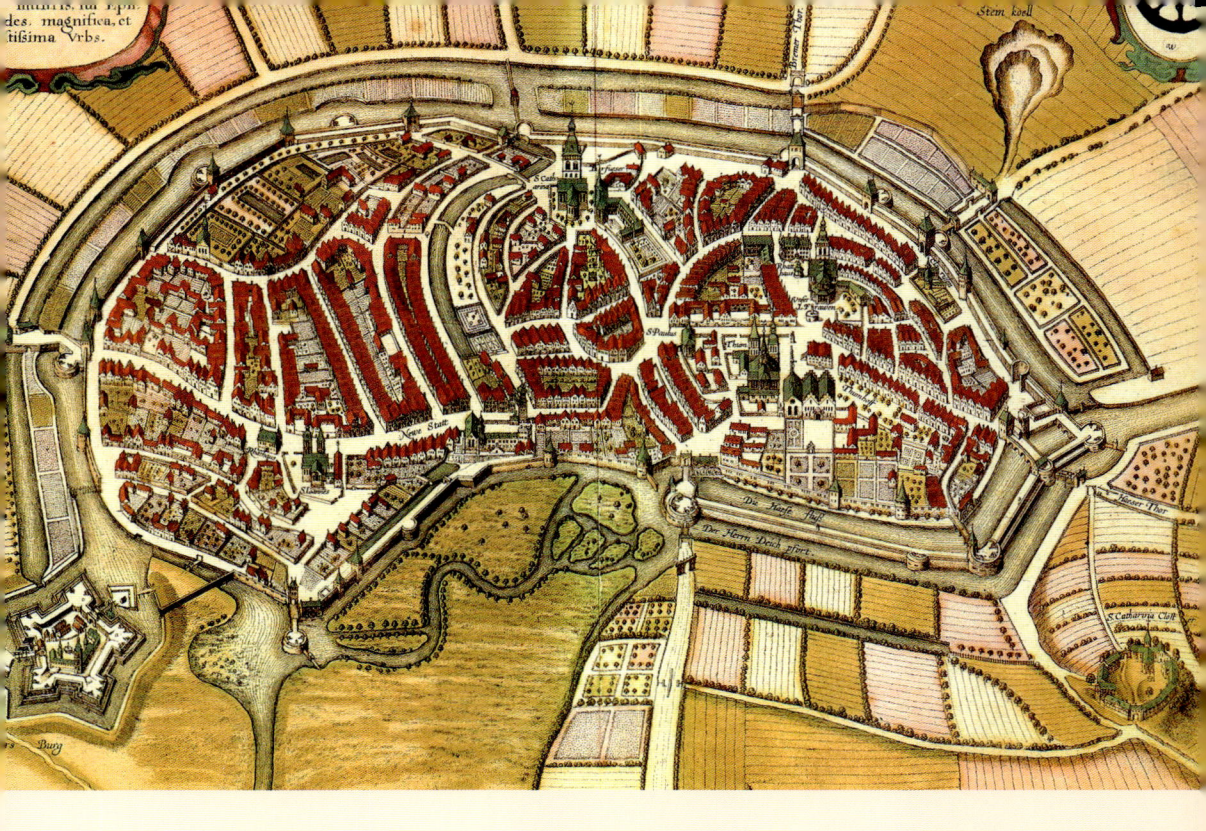

burg, bis 1648 ein Protestant. Nach den Bestimmungen des Westfälischen Friedens, der im Osnabrücker Rathaus geschlossen wurde, sollte das Bistum abwechselnd von einem vom Domkapitel gewählten katholischen Fürstbischof und einem evangelischen Bischof aus dem Hause der Herzöge von Braunschweig-Lüneburg geführt werden. Es begann die zweite Amtszeit Franz Wilhelms (1648–61), gefolgt vom Herzog Ernst August I. (1662–98). Dieser Wechsel endete erst mit der Säkularisierung des Fürstbistums 1802 und seiner Eingliederung in das Kurfürstentum Hannover, das 1866 zum Königreich Preußen kam. Die katholische Diözese besteht jedoch seit 1802 bis heute weiter. Die evangelische Bevölkerung Osnabrücks gehört seitdem zur Evangelischen Landeskirche Hannover. Während des 2. Weltkriegs wurde Osnabrück 79 Mal durch alliierte Luftstreitkräfte angegriffen. Dabei starben zahlreiche Menschen. Mehr als 65 % der Häuser im Stadtgebiet und 94 % in der mittelalterlichen Altstadt wurden zerstört.

Nach dem Krieg beherbergte Osnabrück zwischenzeitlich die größte britische Garnison außerhalb des Vereinigten Königreichs. Am 31. März 2009 verließ der letzte britische Standortkommandeur, Colonel Mark Cuthbert-Brown, die Stadt.

Stadtplan von Wenzel Hollar 1633: Dombezirk rechts, Johanniskirche links unten, Gertrudenkloster unten rechts

unten: Friedenssaal im Rathaus, in dem der Westfälische Frieden 1648 geschlossen wurde

Dom St. Petrus

Seite 7:
Dom, Ansicht von Westen (Westwerk bis zu den 4 Arkaden im Mittelgeschoss 11. Jh., Nordturm um 1140, Südturm 1509–44, Fensterrose 1305, Portal 1531)

Dom, Ansicht von Norden

786 weihte der Lütticher Bischof Agilfred die vermutlich erste Kirche, aus der der spätere Dom hervorging. Es war ein 11 x 20 (oder mehr) m großer einschiffiger Saalbau mit halbrunder Apsis. Der Kirche schloss sich vermutlich bereits ein Kreuzgang an.
Kurz nach der Bistumsgründung ersetzte man – nach Uwe Lobbedey (in: Der Dom als Anfang [hg. v. Queckenstadt/Zehm], 2005) – um 800/05 die Kirche durch eine große Basilika mit Querhaus, Chorquadrat und Chorapsis. Auch dieser Bau entsprach noch nicht der Würde des bedeutenden Bischofssitzes, so dass auch dieser Kathedralbau einem noch größeren weichen musste, einer mächtigen Querhausbasilika mit Krypta, deren Gänge wohl um die Apsis verliefen und in der die Reliquien der hll. Crispin und Crispinian aufbewahrt und verehrt wurden. Dieser Domneubau erreichte bereits fast die Ausmaße des heutigen Baus. Es war die größte Kirche in Sachsen und eine der größten des Karolingerreichs.
Erst im 11. Jahrhundert erfuhr dieser Bau durch den Umbau von Chor und Vierung eine nachweisbare wesentliche Veränderung. Sehr wahrscheinlich ist, dass die Baumaßnahme unter dem bedeutenden Bischof Benno II. (reg. 1067–88) erfolgte, einem engen Vertrauten Kaiser Heinrichs IV.
Die ältesten noch heute das Bauwerk prägenden Bauteile bilden die Turmuntergeschosse und die **Fassade**. Sie wurden früher gleichfalls in die Amtszeit Bennos II. datiert. Uwe Lobbedey hält dagegen eine Bauzeit nach dem Dombrand von 1100 für wahrscheinlich. Die Kirche der Zeit um

1100 ist noch bis knapp oberhalb der gotischen Fensterrose und einschließlich der Rundbogenfenster des Mittelteils erhalten. Sie hebt sich durch ihre ungegliederten Wandflächen aus sorgfältig gearbeiteten Quadern gegenüber den jüngeren Bauphasen ab. Ursprünglich handelte es sich wohl um eine Fassade mit hohem Riegel zwischen den Türmen,

Dom, Südgiebel des Querschiffs, 11. Jahrhundert und um 1230, Fenster 1453, links Sakristei, rechts Kreuzgang

Seite 9: Querhaus und Vierungsturm (1. Hälfte 12. Jh., Giebelaufsätze 13. Jahrhundert) von Nordwesten

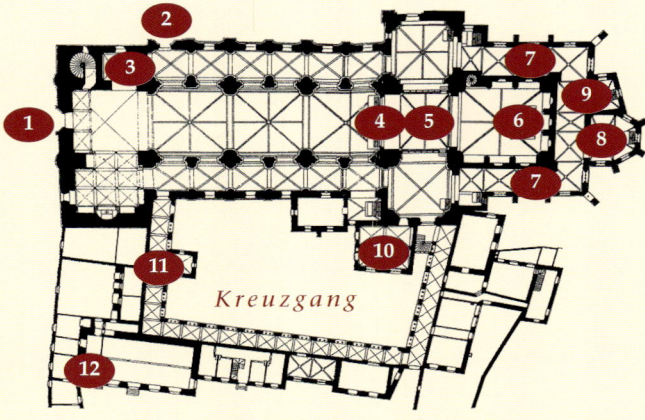

Grundriss Zustand um 1880

1 Hauptportal
2 Nordportal
3 Taufbecken
4 Triumphkreuz
5 Vierung
6 Chor
7 Chorumgang
8 Hieronymuskapelle
9 Kreuzkapelle
10 Sakristei
11 Nicolaikapelle
12 Domschatzkammer

links: Dom, Nordportal, um 1230
rechts: Hauptportal, 1531/1840

wie bei den Domen in Hildesheim und Minden. Der Fassade war ursprünglich eine kleine Vorhalle angebaut. Im Zwischenriegel war über der Westempore ein überwölbter, etwa 7 m hoher Raum eingebaut. Er dürfte profanen Zwecken gedient haben, da er keine Sichtverbindung zum Kirchenraum, sondern nur nach Westen Fensteröffnungen besaß, d. h. die vier noch sichtbaren, gekuppelten Doppelarkaden.

Unter Bischof Udo, Graf von Steinfurth (reg. 1137–41), wurde die Westempore zugunsten eines quadratischen Westchors entfernt. Zudem erhöhte man die Türme und ersetzte den quadratischen Vierungsturm durch den heutigen achteckigen Turm, der im 13. Jahrhundert die zusätzlichen heutigen Giebelaufsätze erhielt.

Das heutige Aussehen des Doms geht wesentlich auf den Um- und Neubau des Lang- und Querhauses unter dem Zisterzienserbischof Adolf von Tecklenburg (reg. 1216–24) ab den Jahren 1218 zurück. Aufgrund der stilistischen Nähe zu den zeitgenössischen Zisterzienserkirchen von Marienfeld (1222 geweiht) und Loccum (seit

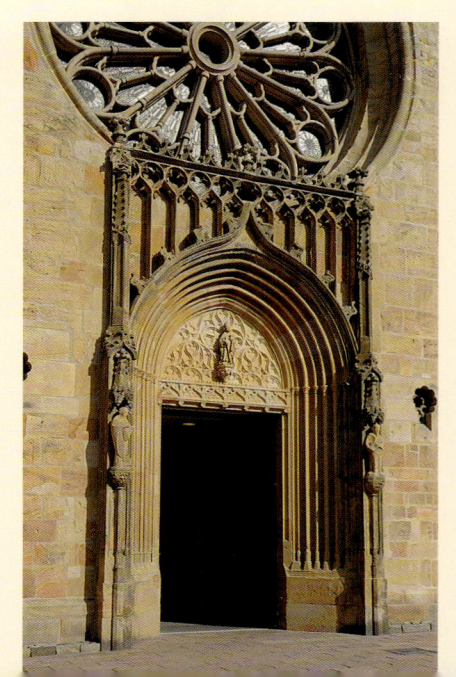

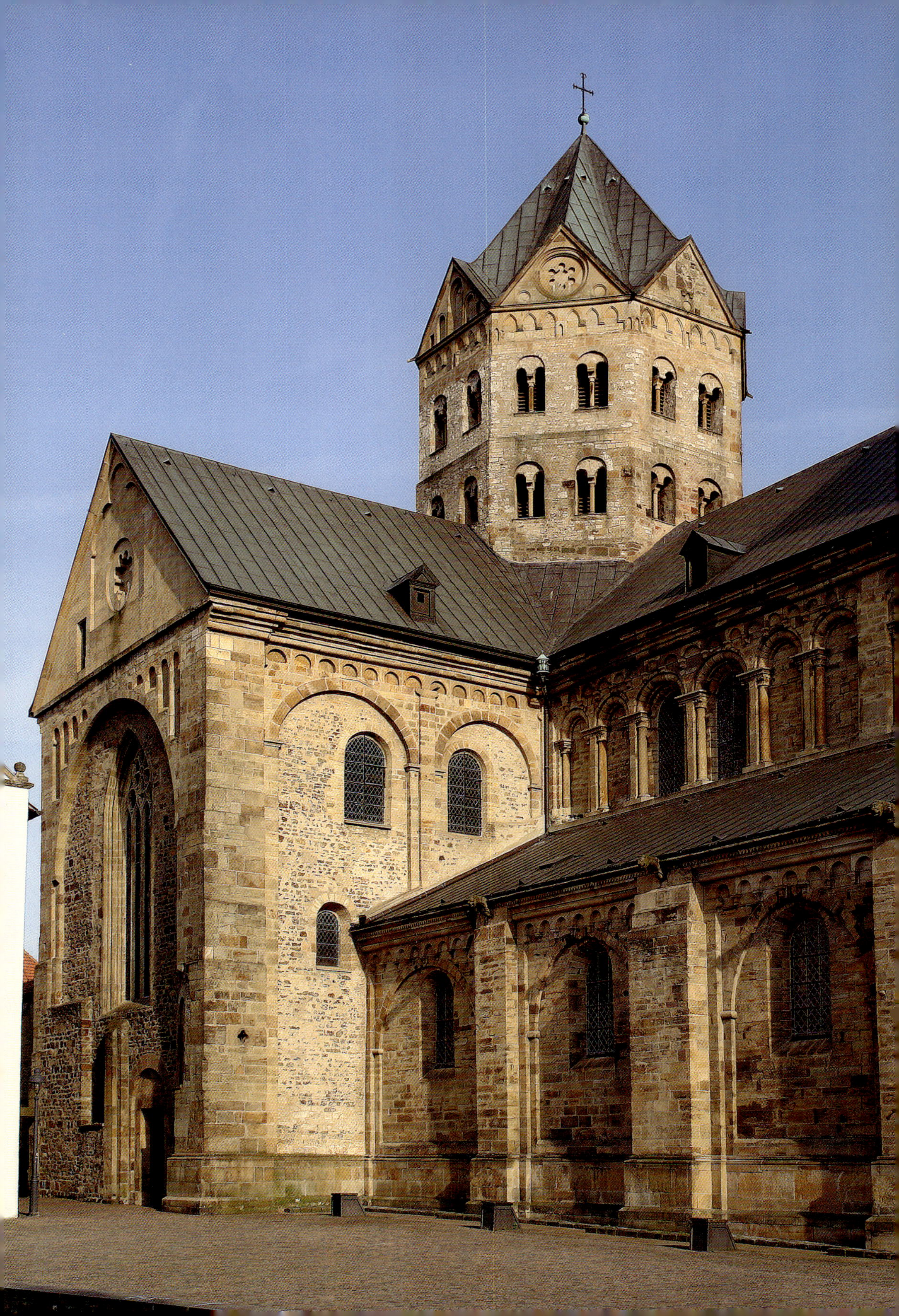

1230 im Bau) nehmen die Kunsthistoriker als Baumeister westfälisch-zisterziensische Bauleute an. Urkundlich gesichert ist der Name des Architekten der Loccumer Kirche: Bodo. Ihn möchte man mit dem Konversen B. identifizieren, den der Marienfelder Abt aus Osnabrück in sein Kloster zurückrief.

Lang- und Querhaus des Osnabrücker Doms waren um die Mitte des 13. Jahrhunderts vollendet. Es entstand eine dreischiffige Gewölbebasilika mit Querhaus und großem Chorquadrat, deren äußere Abmessungen dem Bau des 11. Jahrhunderts entsprachen. Die wesentliche Neuerung war das großzügige Langhaus mit seiner reich mit Rundbogenfriesen und Blendarkaden gegliederten Nordfassade und der großzügigen, weit gespannten Wölbung.

Trotz des Neubaus hielt das Domkapitel am Westchor mit Taufkapelle aus dem 12. Jahrhundert fest. Deshalb diente das qualitätvolle dreifach gestufte Nordportal im westlichsten Joch des nördlichen Seitenschiffs als Haupteingang des Doms.

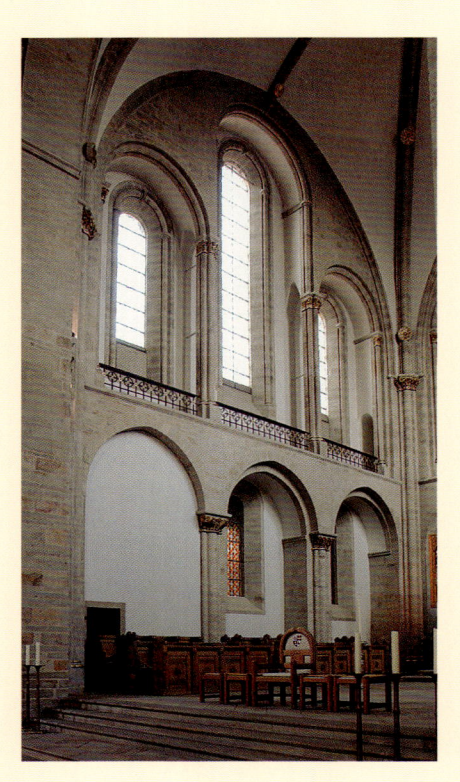

In der 1. Hälfte des 13. Jahrhunderts ließ das Domkapitel die ursprünglich quadratische, im 19. Jahrhundert nach Westen erweiterte Sakristei an dem südlichen Querhausarm errichten. Bedeutsam ist der virtuos gestaltete Kapitellschmuck des Mittelpfeilers.

Nach einem Brand von 1254 begann die Umgestaltung der Vierung und des Chorquadrats. Die Weihe des Choraltars 1277 unter Bischof Konrad II. (reg. 1269–97) dürfte den Abschluss der Baumaßnahme datieren. Das **Chorquadrat** gilt als architektonischer Höhepunkt des spätromanischen Doms. Es wird von einem achtteiligen Gewölbe mit Zierscheiben auf den Rippen überspannt. Die Konsole mit dem Kopf eines Mönchs unter der nördlichen Scheitelrippe gilt als Indiz für die zisterziensische Bauleitung. An der Ostwand steigt über drei tiefen Nischen im Untergeschoss eine reich gegliederte Wand mit gestaffelter Dreifenstergruppe empor, die den Raumeindruck der Kirche bestimmt.

Erst im späten Mittelalter kam es zu einer weiteren bedeutenden Baumaßnahme am Dom. 1434–44 entstand um den Hochchor ein insgesamt elfjochiger, rechteckiger **Chorumgang**, der an der Ostseite durch die seit 1440 nachweisbare polygonale **Hieronymuskapelle** (heute Marienkapelle) und um 1483 durch die trapezförmige Kreuzkapelle ergänzt wurde. Die Hieronymuskapelle baute 1475 der bedeutendste Osnabrücker Bischof des späten Mittelalters, Konrad III. von Diepholz (reg. 1455–82), zu seiner Grabkapelle um. Von der prächtigen Ausstattung

Dom, Blick durch die Vierung ins nördliche Querhaus

rechts: Dom, nördliche Chorwand

S. 11: Dom, Innenansicht nach Osten

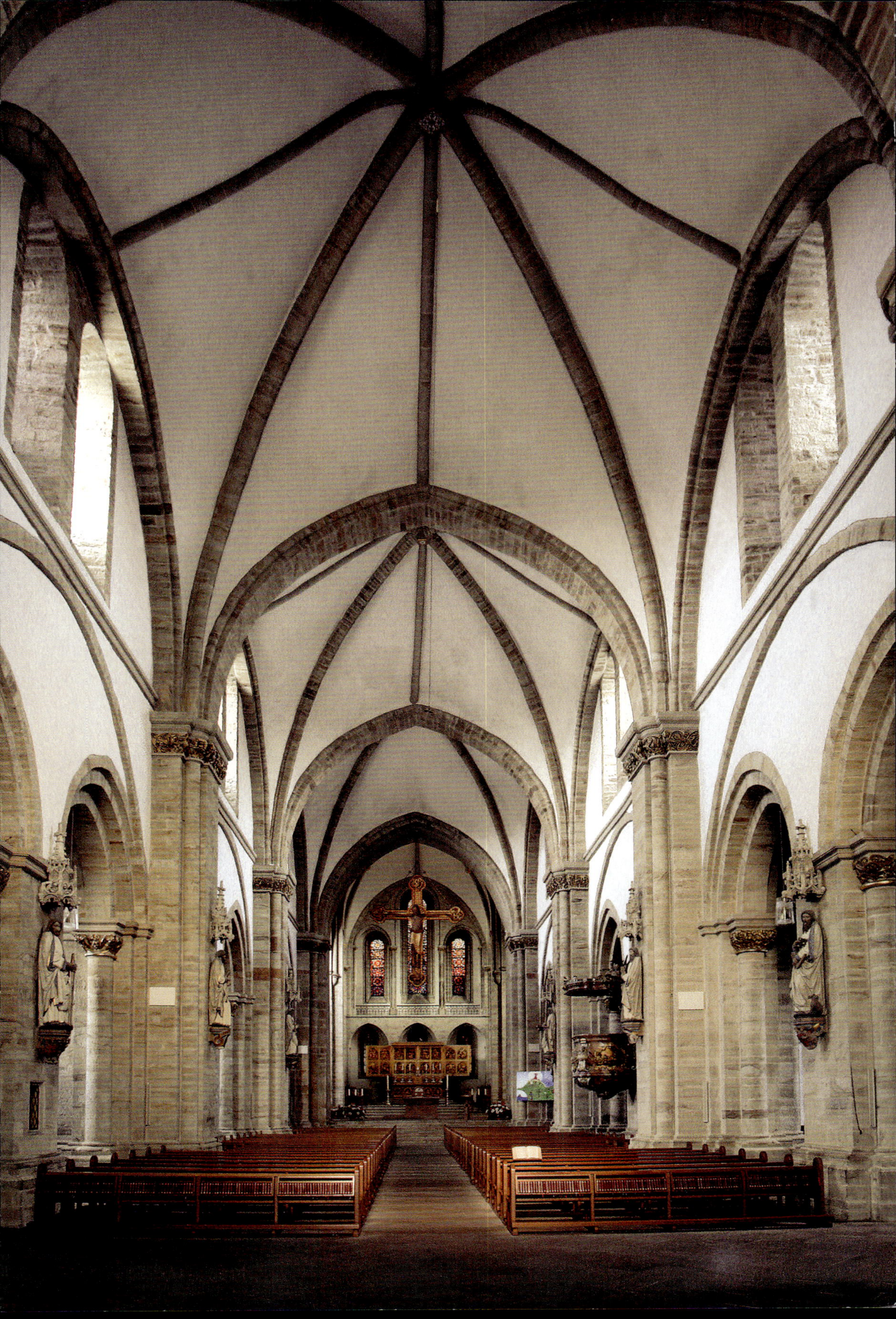

rechts: Dom, Taufbecken, um 1220

S. 13: Dom, Chor mit Triumphkreuz (um 1180), Hochaltar und Chorgestühl (beide von Heinrich Seling, um 1900)

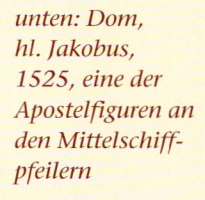

unten: Dom, hl. Jakobus, 1525, eine der Apostelfiguren an den Mittelschiffpfeilern

blieb die steinerne Liegefigur des Bischofs erhalten, die seit 2008 im Diözesanmuseum aufgestellt ist (s. S. 15). Die qualitätvolle Skulptur wird dem Meister des Bentlager Sippenreliefs zugeschrieben. In der Hieronymuskapelle werden seit 1827 die Osnabrücker Bischöfe beigesetzt.

Eine das heutige Erscheinungsbild des Doms stark prägende Maßnahme betraf die Westfassade, die bereits 1305 ihre gotische **Fensterrose** erhalten hatte. 1509–44 vergrößerte man den Südwestturm, um das umfangreiche neue Geläut aufzunehmen. Der hohe spätgotische Helm wurde 1769 durch eine mächtige Barockhaube ersetzt, die bis zu ihrer Zerstörung 1944 Wahrzeichen Osnabrücks war. 1531 legte Bischof Erich II. die dem Westbau vorgelagerte Taufkapelle nieder und errichtete das heutige Portal: Damit besaß der Osnabrücker Dom erstmals seit 1140 wieder ein **Westportal**, das 1840 erneuert wurde.

Seit dem späten Mittelalter blieb der Dom im Wesentlichen fast unverändert. Umbauten betrafen vor allem den Innenraum, um den liturgischen und modischen Neuerungen Rechnung zu tragen. Dazu zählt die Umgestaltung und Restaurierung 1651–64, in deren Zuge man den liturgisch störenden, aber im Mittelalter notwendigen Lettner (Reste der Skulpturen im Diözesanmuseum (s. S. 15)) entfernte und durch Gitter ersetzte, die sich heute zu beiden Seiten des Chorumgangs befinden. Vor allem 1748–53 wurde die Ausstattung barockisiert. Dabei entfernte man die alten, z. T. noch gotischen Altäre und insbesondere den Hochaltar des 13. Jahrhunderts. Die Barockausstattung ihrerseits beseitigte man 1856–70 bzw. 1882–1910 und ersetzte sie um 1900 durch eine romanisierende Innenausstattung des Bildhauers Heinrich Seling (1842–1912), der auch den heutigen **Hochaltar** schuf. Diese Ausstattung ging 1944 z. T. durch Kriegszerstörung verloren.

Heute zeigt der Dom eine sparsame Ausstattung – im 14. Jahrhundert zählte man 36 Altäre! Durch das weithin sichtbare monumentale, mehrfach neu bemalte **Triumphkreuz** (um 1180) am Übergang vom Langhaus zur Vierung und durch die lebensgroßen **Aposteldarstellungen** (Sandstein, um 1525) an den Mittelschiffpfeilern (ursprünglich für den Chor geschaffen und dort aufgestellt) wirkt der Innenraum jedoch keinesfalls leer und kalt, sondern festlich und elegant. Das spätromanische Triumphkreuz zählt mit einer Höhe von fast sechs Metern und dem Korpus von 3,80 Meter Länge zu den größten seiner Art in Europa.

Ein wichtiges Ausstattungsstück neben dem Triumphkreuz ist das **Taufbecken**, das wahrscheinlich von Bischof Wilbrand von Paderborn gestiftet wurde, der 1226 Verweser des Osnabrücker Bistums war.

In der **Kreuzkapelle** steht der Passionsaltar, eines der qualitätvollsten westfälischen Retabel des ausgehenden Mittelalters. Es wurde 1517 vom Domdechanten Lambert von Snetla-

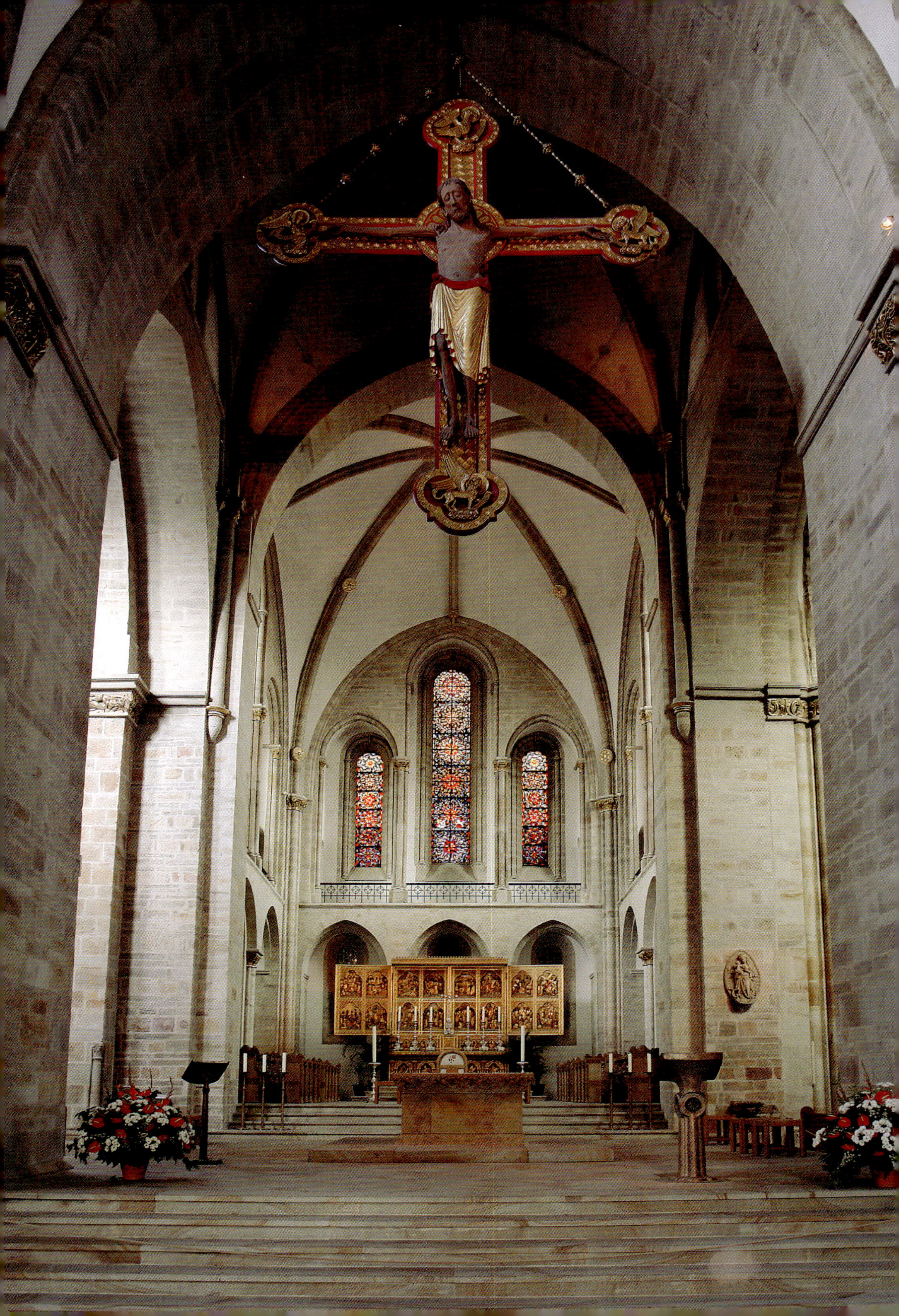

links: Neoromanisches Domnebengebäude am Kreuzgang (Kleine Domsfreiheit 24) von Alexander der Behnes 1892

ge als Epitaph gestiftet und von einem bedeutenden Werkstattmitglied des sog. Meisters von Osnabrück ausgeführt. Die gemalten Flügel des steinernen Altaraufsatzes wurden wohl kurz nach dem Tod des unter dem Kreuz dargestellten Stifters 1529 hinzugefügt.

Kreuzgang

Südlich an den Dom schließt sich schiefwinklig der ein unregelmäßiges Viereck beschreibende Kreuzgang an. Er öffnet sich mit dreiteiligen Säulenarkaden zum Hof. Der Ostflügel stammt z. T. noch aus der Zeit kurz nach 1100; Süd- und Westflügel wurden im 13. Jahrhundert neu errichtet. Um den Kreuzgang lagen ursprünglich unregelmäßig angelegte Kapitelräume, die 1892 durch den Dombaumeister Alexander der Behnes entfernt und zu einem zweigeschossigen neuromanischen Bau zusammengefasst wurden. Hier ist heute das Diözesanmuseum untergebracht.

Dom, Kreuzgang, Ostflügel, frühes 12. Jh.

unten: Dom, Romanischer Kreuzgang, 12. und 13. Jh.

Domschatzkammer und Diözesanmuseum

geöffnet Di.– So. 10–18 Uhr

Seit 2008 sind die Domschatzkammer und das Diözesanmuseum im Südflügel des Kreuzgangs mit Eingang am Forum am Dom untergebracht. Die hervorragend präsentierte Sammlung zeigt liturgische und zugleich künstlerische Hauptwerke aus der 1200-jährigen Geschichte des Osnabrücker Bistums. Zu den herausragenden Objekten gehören die kleine Taubenfibel (um 800), der sog. Kamm Karls des Großen (ein liturgischer Kamm um 1000), ein Buchkasten-Reliquiar mit einer Mariendarstellung (byzantinisches Elfenbeinrelief 11. Jh.), die Reliquienschreine der hll. Crispin und Crispinian (um 1220/30) und das Kapitelkreuz aus dem 11. Jh., das reich mit Edelsteinen, Perlen und Gemmen verziert ist. Es dient bis heute als Prozessionskreuz. Die Domherren empfingen mit dem Kapitelkreuz den neu gewählten Bischof, der die im Kreuz geborgene Reliquie kniend mit einem Kuss verehrte.

Das Diözesanmuseum zeigt darüber hinaus Gemälde, liturgische Geräte (vor allem wertvolle Kelche, Kreuze und Monstranzen), kostbare Textilien (darunter die Bennokasel aus byzantinischer Seide, 11. Jh.), Reste des Chorgestühls der Osnabrücker Dominikanerkirche (13. Jh.) und qualitätvolle Skulpturen des 14. bis frühen 16. Jhs., darunter die Figuren des ehemaligen Domlettners.

Domschatzkammer, Kapitelkreuz (11. Jh.), Armreliquiar (um 1110)

Paramentensammlung mit Kasel Bischof Bennos II. (11. Jh.)

Stadttheater, 1907–09 im Jugendstil von Friedrich Lehmann erbaut. Das Stadttheater bildet den nördlichen Abschluss des großen Platzes vor dem Dom. Hier werden Opern, Operetten, Schauspiele, Kinder- und Jugendtheater, Konzerte und Musicals aufgeführt.

Ehem. Jesuitenkolleg mit Kleiner Kirche (Pauluskapelle)

Bischöfliche Kanzlei, 1783–85

*Mitte: Denkmal für Justus Möser (1720–94), 1836
unten: Große Domsfreiheit mit Bischofshaus*

Große Domsfreiheit

Der nördlich an den Dom anschließende Platz markiert die ehem. Befestigungslinie des Bischofshofs der ältesten Domburg. Die Bischofspfalz befand sich bis zum 13. Jh. an der Stelle der Kleinen Kirche. Bis zum 19. Jh. umgaben unregelmäßig angelegte Domkurien den Platz, der erst 1787 eingeebnet und gepflastert wurde. Seit 1836 ist hier das **Denkmal für Justus Möser** (1720–94) aufgestellt, den großen Staatsmann, Literaten und Historiker Osnabrücks, ausgeführt durch den bedeutenden Bildhauer Christian Daniel Rauch (1777–1857). Die Südostbebauung des Platzes nimmt das ehem. **Jesuitenkolleg** (sog. Paulinum) ein. Die Jesuitenschule war durch Bischof Eitel Friedrich von Hohenzollern (1623–25) eingerichtet worden. Die Kollegskirche (1682–85) ersetzt die Paulskapelle des mittelalterlichen Bischofspalastes. Die Kirchenfassade zeigt in einer großen Spitzbogennische eine Sandsteingruppe des Kalvarienberges (um 1520).

Weitere prägende Bauten sind an der Platznordseite das neuromanische **Priesterseminar** von 1891/92 und das **Bischöfliche Palais** (17.–19. Jh.) sowie an der Westseite die **Bischöfliche Kanzlei**, ein 1782–85 nach den Plänen des Landbaumeisters Franz Schaedler errichteter Sandsteinbau. Es handelt sich um das erste klassizistische Gebäude der Stadt und den Sitz der Kanzlei, d. h. der Regierung des Fürstbistums Osnabrück. Seit 1802 ist es die Bischöfliche Kanzlei.

Pernickelturm (13. Jh.) auf dem rechten Haseufer gegenüber der Pernickelmühle

Hasestraße

Die Hasestraße führt vom Dom nach Norden zum Haseübergang. Trotz der Kriegszerstörungen von 1944 sind einige interessante Bürgerhäuser erhalten, die z. T. noch aus dem späten Mittelalter stammen (Nr. 26 und 35). Sehenswert ist auch das Gebäude Nr. 29 in der benachbarten Lohstraße von 1613. Die Lohstraße verläuft mit ihrer Krümmung entlang der ehem. Befestigungslinie, die die mittelalterliche Domburg umgab. Hier hatten, wie der Straßenname sagt, die Gerber ihre Werkstätten, da sie das für ihr Handwerk notwendige Wasser aus dem Graben der ehemaligen Stadtmauer entnahmen.

oben: Im Kern noch spätmittelalterliche Häuser mit steilen Giebeln und rückwärtigem gotischen Steinwerk: Hasestraße 26 (links) und 35 (rechts)

*oben: Hasestraße 45, Anfang 17. Jh.
unten: Hasestraße 41 (um 1600) und 61 (2. Hälfte 17. Jh.)*

rechts: Lohstraße 29, Fachwerkhaus von 1613

unten: Die „Waschfrau" von 1983 des Bildhauers Hans Gerd Ruwe (1926–1995) auf dem Vitihof

Pernickelmühle (Mühlenstraße) von 1892

unten: Vitihof mit historischer Bebauung des 16.–20. Jhs.

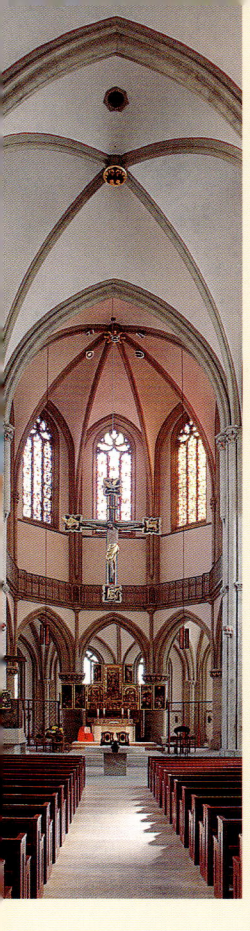

oben: Marienkirche, Innenraum
rechts: Marienkirche, Ansicht vom Markt mit romanischem, 76 m hohem Turm und gotischem Langhaus, Brautportal mit den „törichten Frauen und klugen Jungfrauen", geführt von Synagoge und Ecclesia als Vertreter des Alten und des Neuen Bundes (Figuren 1873–84, Originale in der Kirche und im Kulturgeschichtlichen Museum)

geöffnet im Sommer: 10–12, 15–17 Uhr; Winter: 10.30–12, 14.30–16 Uhr

Marienkirche

Die Kirche besaß seit dem 10. Jh. mehrere Vorgängerbauten. Die Turmuntergeschosse stammen noch von einer im 12. Jh. errichteten Kirche. Der Turm wurde in der 1. Hälfte des 13. Jhs. erhöht und erhielt im 17. Jh. seine Turmhaube (Kopie von 1958). Das Langhaus der heutigen Hallenkirche entstand um 1280–1300. Beeindruckend ist der um 1430/40 errichtete Chorumgang mit seinen ausladenden, filigranen Strebepfeilern (Abb. S. 3). Zur wertvollen Ausstattung gehören das überlebensgroße Triumphkreuz (frühes 13. Jh.), der Hauptaltar (Antwerpen um 1510/15), das Taufbecken (um 1560) und die Strahlenmadonna (um 1520).

Markt

Ein großartiges Ensemble bildet der Markt mit Rathaus, Stadtwaage und Marienkirche. Das historische **Rathaus** von 1487–1512 besitzt ein außergewöhnlich hohes Walmdach und zum Markt neugotische Figuren deutscher Kaiser (1880er Jahre), darunter die Skulptur Karls des Großen über dem Portal (von Heinrich Seling 1880). Im Rathaus wurde der Dreißigjährige Krieg (1618–48) mit dem Westfälischen Frieden beendet. Daher hängen im „Friedenssaal" (Abb. S. 5) 42 Porträts von europäischen Gesandten des Friedenskongresses und den Herrschern jener Zeit. In der Schatzkammer sind der Kaiserpokal (13.–16. Jh., Abb. S. 4) und die älteste Schützenkette (13. Jh.) sowie die Nachbildung des Westfälischen Friedensvertrags ausgestellt. Das große Stadtmodell im Obergeschoss zeigt Osnabrück im Zustand während des Dreißigjährigen Krieges (um 1633). Zwischen Rathaus und Marienkirche steht die **Stadtwaage**, ein prächtiger Steinbau von 1532 mit Staffelgiebel.

oben: Rathaus (1487–1512) und Stadtwaage (1532) links: Rathaus von Südwesten

unten: Markt 13–6, nach dem 2. Weltkrieg wiederaufgebaute bzw. im Sinne spätgotischer Giebelhäuser des 16. Jhs. rekonstruierte Häuser; **Markt 6: Erich Maria Remarque-Friedenszentrum** *– Dauerausstellung zu Leben und Werk des in Osnabrück geborenen Autors*

oben links: Blick in die Heger Straße vom Heger Tor aus. Die oft noch spätmittelalterlichen und frühneuzeitlichen Häuser erhielten zumeist zwischen 1790 und 1825 verputzte Fassaden.

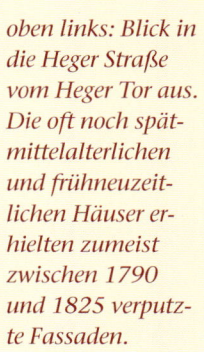

Heger Straße, Marien- und Bierstraße

Von der Zerstörung im 2. Weltkrieg weitestgehend verschont, bildet die Bebauung zwischen Rathaus und dem Heger Tor ein einzigartiges bauhistorisches Ensemble mit zahlreichen Steinwerken, d. h. mittelalterlichen Steinhäusern, die sich im rückwärtigen Teil eines Grundstücks erhalten haben (s. auch S. 21).

oben Mitte: Heger Straße 16–12, frühneuzeitliche Häuser mit Fassaden um 1820

oben rechts: Heger Straße 20, Fachwerkbau um 1600, seitlich von breiten Brandmauern eingefasst

unten: Bierstraße 24 (Romantik-Hotel „Walhalla") von 1690, das reichste verzierte barocke Fachwerkhaus Osnabrücks, figürliche Knaggen mit den Darstellungen von Christus und den vier Evangelisten. Auch dieses Anwesen besitzt rückwärtig ein Steinwerk des 15./16. Jhs. Man beachte auch das sog. Katzenhaus von 1616 (Kl. Gildeward 11)

Krahnstraße 1/2 (Haus Tenge – Gourmetrestaurant „la vie"), klassizistisches Wohn- und Geschäftshaus von 1813/14 (Abb. rechts) des vermögenden Kaufmanns Ernst Friedrich Tenge (1759–1824); rückwärtiges Steinwerk (14. Jh., Abb. links)

rechts: Alte Fuhrhalterei, Kl. Gildewart 9, 16. Jh.

Marienstraße 3, großes gotisches Steinwerk, 14. Jh., ehemaliges Rückgebäude von Heger Straße 12. Der Bruchsteinbau mit beachtlicher Mauerstärke besitzt am Ostgiebel noch fünf spitzbogige Fenster mit Sandsteingewänden.

STEINWERKE

Die Steinwerke des 12. und 13. Jhs. waren freistehende Steinbauten und Bestandteile der Hofanlage des Adels und reicher Patrizier als Schutzraum, Speicher und Lager. Ein Beispiel ist das Steinwerk Krahnstraße 1/2 (S. 20), ein ursprünglich freistehender Wohn- und Fluchtturm mit gewölbtem Dachgeschoss. Ab dem 14. Jh. waren Steinwerke zumeist keine freistehenden Wehrbauten mehr, sondern Speicher, die als rückwärtiges Gebäude unmittelbar mit dem Fachwerkvorderhaus verbunden waren. Dieser aus Stein errichtete Bauteil war im Gegensatz zum Vorderhaus unterkellert, d. h. um etwa eineinhalb Geschosse eingegraben. Das erhöhte Erdgeschoss diente als Wohnung, die übrigen Geschosse waren Lagerraum für Lebensmittel und Waren. Ähnliche Steinbauten gab es auch in anderen Orten, jedoch sind sie in Osnabrück vergleichsweise häufig erhalten (bis zum 2. Weltkrieg waren es 100!). Dies lässt auf einen lokalen Bautyp u. a. auch zur Begegnung der Brandgefahr schließen.

Marienstraße 17, 1587, Anbau 1616

Krahnstraße 4 von 1533 mit Brandmauern und rückwärtigem Steinwerk

unten: Krahnstraße 7 von 1586 mit prächtigem geschnitzten Renaissancefachwerk

oben: „Bürgergehorsam", jüngster Wehrturm der ehemaligen Stadtmauer, 1517/19, 1542 um einen Meter erhöht, 3,50 Meter starke Wände und im Verhältnis zu älteren Wehrtürmen deutlich größere Schießscharten. Ursprünglich war der Turm in die Stadtverteidigung eingebunden.

oben rechts: Dominikanerkirche

links oben: Vitischanze (17. Jh.) am Hasetorwall mit Barenturm von 1471

links unten: Hohe Brücke von 1564 an der Vitischanze

rechts: Ehem. Dominikanerkloster, heute unter anderem Kunsthalle Dominikanerkirche

Kunsthalle Dominikanerkirche

geöffnet Di.–Fr. 11–18 Uhr, Sa./So. 10–18 Uhr

Die gotische Hallenkirche des auf Betreiben des Osnabrücker Bischofs Konrad von Rietberg (1270–97) gegründeten Klosters zum heiligen Kreuz des Dominikanerordens wird für wechselnde regionale und überregionale Ausstellungen Bildender Kunst der Gegenwart genutzt. Stifter der Kirche (Baubeginn um 1283, Chorweihe 1297, Vollendung Ende 15. Jh.) war Rembertus Düvelius, Herr zur Düvelsburg bei Osnabrück (um 1275 – nach 1328). Im Zuge der Auflösung des Klosters 1803 (Säkularisation) ging die Ausstattung verloren (Chorgestühl im Diözesanmuseum). Die Kirche diente dem Militär oder blieb bis um 1960 ungenutzt. Neben der Kirche sind auch die vierflügeligen Klostergebäude aus der Barockzeit erhalten.

oben links: Bierstraße 7, ältestes und bedeutendstes erhaltenes Steinwerk von Osnabrück, frühes 13. Jh. Die gekuppelten Rundbogenfenster sind rekonstruiert und ersetzen große Fenstereinbauten der Gotik (zu Steinwerken s. S. 21).
oben rechts: Bocksmauer 11–18, ehem. Armenhäuser, 16. Jh.

Dielingerstraße 13, Steinwerk von 1220, Eingang über Rolandsmauer 23

Bucksturm, um 1200 als Teil der Stadtmauer errichtet, seit dem 14. Jh. als Gefängnis und während der Hexenverfolgung als Folterkammer genutzt (geöffnet: So. 11–17 Uhr).

Nach Abbruch der Heger-Tor-Bastion 1815/16 schuf Joh. Christian Sickmann 1817 das Heger Tor als Ehrenmal für die 1815 in der Schlacht bei Waterloo kämpfenden etwa 400 Osnabrücker

Rolandsmauer 23, Fachwerkbau 16. Jh., Zugang zum Steinwerk Dielingerstraße 13

Lotter Straße 2/
Heger-Tor-Wall 28
Tel. (0541) 323-2207)

geöffnet Di.–Fr. 11–18, Sa./So. 10–18 Uhr

rechts oben: Heger Torhaus, um 1817, heute Museumsshop
rechts: Kulturhistorisches Museum: Villa Schlikker von Otto Lüer 1900/01 und Museumsbau von Emil Hackländer 1888/89

unten: Felix-Nussbaum-Haus von Daniel Libeskind 1998, Innen- und Außenansicht

Felix-Nussbaum-Haus und Kulturgeschichtliches Museum Osnabrück

Zu den Sehenswürdigkeiten Osnabrücks von internationalem Rang gehört neben dem Dom und der Domschatzkammer auch das Felix-Nussbaum-Haus mit der „unter die Haut" gehenden Kunstsammlung mit etwa 90 Werken von Felix Nussbaum und einigen Gemälden seiner Frau Felka Platek sowie der eindrucksvollen, 1998 realisierten Architektur von Daniel Libeskind, der wie bei seinem berühmten Entwurf für das Jüdische Museum in Berlin schräg verlaufende Fußböden und Wände mit Fensterschlitzen schuf, die die Unsicherheit und Orientierungslosigkeit im Leben Nussbaums symbolisieren. Das Felix-Nussbaum-Haus ist mit dem Kulturgeschichtlichen Museum räumlich verbunden, das in zwei historistischen Villen untergebracht ist. Ausgestellt sind vor allem Zeugnisse der Stadtgeschichte.

FELIX NUSSBAUM

Felix Nussbaum (1904–44) wuchs in Osnabrück auf, absolvierte ab 1922 das Kunststudium in Hamburg und Berlin und war Meisterschüler bei Hans Meid. 1927 lernte er seine spätere Ehefrau, die 1899 in Warschau geborene Malerin Felka Platek, kennen. Als Auszeichnung für seine im Stil der Neuen Sachlichkeit geschaffenen Werke erhielt er 1932 ein Stipendium der Villa Massimo in Rom. Infolge der Machtübernahme der Nationalsozialisten in Deutschland 1933 und der damit verbundenen Verfolgung der jüdischen Bevölkerung lebte Nussbaum mit Felka Platek im Exil in Italien, Frankreich und ab 1937 in Belgien, wo er 1940 bzw. 1944 inhaftiert und schließlich am 2. August, vermutlich zusammen mit seiner Frau, in Auschwitz ermordet wurde.
Sein Werk ist ein eindrucksvolles Zeugnis der Verfolgung unter den Nationalsozialisten, beginnend mit der völligen Gleichberechtigung und Normalität bis 1933 und endend mit den Todesängsten gegen Ende seines Lebens.

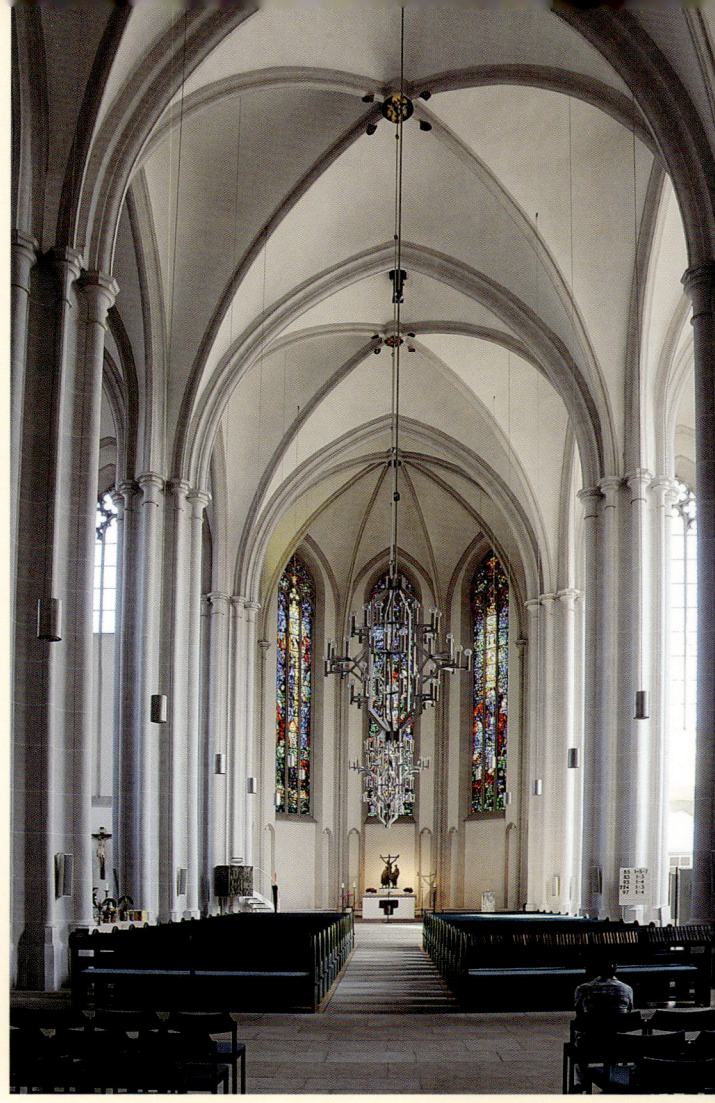

Katharinenkirche

Den Vorgängerbau aus der 1. Hälfte des 13. Jhs. ersetzte man nach und nach etwa hundert Jahre später durch die heutige gotische Hallenkirche. Die Baumaßnahmen verliefen schleppend, so dass erst um 1420/38 Baumeister Gerd de Meyer von Dornheim (1434–38) die Einwölbung vornehmen konnte. Unmittelbar danach folgte die Errichtung des Turms, der bis 1511 seine heutige Höhe von 103,5 m erhielt und damit höchster mittelalterlicher Turm Niedersachsens ist.

Katharinenkirche, Turm von 103,5 m Höhe (links) und Innenraum (rechts)

geöffnet Mo.–Fr. 14.30–16.30 Uhr, Sa. 11–12.30 Uhr

Hakenstraße 9, sog. Poggenburg, Anfang 19. Jh., Vorgängerbauten waren Adelshöfe

Große Straße 43. Das Traufenhaus mit sieben Achsen wurde 1768 im Auftrag des ehemaligen Bürgermeisters Dr. Berghoff mit einer Rokoko-Sandsteinfassade nach französischem Vorbild erbaut.

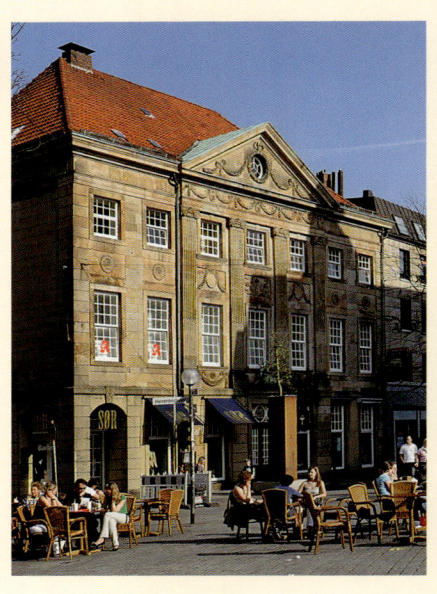

Ledenhof, Ansicht vom Schloss

Ledenhof, Speicherbau, 14. Jh. Wie bei den in Osnabrück üblichen Steinwerken bestand aus wehrtechnischen Gründen keine Verbindung zwischen Keller und Obergeschoss.

Ledenhof

Der Ledenhof am südlichen Rand der Altstadt gegenüber dem Schloss ist das bedeutendste Bürgerhaus Osnabrücks. Es war vom 16. bis zum 19. Jahrhundert das Herrenhaus des mächtigen Stadtgeschlechts der von Leden, die durch ihren Reichtum und Einfluss den Rang einer Adelsfamilie erlangten. Die heutige Anlage wirkt städtebaulich isoliert, war jedoch bis zum 2. Weltkrieg eng umbaut und bildete einen Teil eines um einen Hofraum gruppierten Adelshofs. Ältester Bauteil ist der Speicher, ein für Osnabrück typisches Steinwerk (s. S. 21) aus dem 14. Jh., das zunächst Wehr- und Wohnbau war und im 15. Jh. um Speichergeschosse erhöht wurde. Heinrich von Leden fügte in der 1. Hälfte des 16. Jhs. den zweigeschossigen Wohnbau an, der 1588 den Ziergiebel und den Treppenturm sowie zur Vereinheitlichung und Modernisierung des gesamten Baukörpers die farbige Rautendekoration erhielt.

Große Straße 46 („Hirschapotheke"). Das Hauptwerk des bürgerlichen Klassizismus entwarf Georg Heinrich Hollenberg 1797/98 für den Apotheker J. F. Meyer unter dem Einfluss des nur wenig älteren Kanzleigebäudes (s. S. 16). Die Große Straße ist heute stark frequentierte Fußgängerzone. Sie war die alte Fernstraße, die vom Dom nach Süden führte. Deshalb siedelten sich hier auch schon in früheren Jahrhunderten bedeutende Kaufleute an – eine Tradition, die von den Kaufhäusern weitergeführt wird.

Schloss

Am Übergang zwischen der historischen Altstadt und der sich nach Süden anschließenden Neustadt entstand 1667 bis 1675 das Osnabrücker Schloss als fürstbischöfliche Residenz. Bauherren waren Ernst August I. von Braunschweig-Lüneburg (1629–98) und seine Gemahlin Sophie von der Pfalz (1630–1714). Der Lutheraner Ernst August war 1662 zum Bischof von Osnabrück gewählt worden und bekleidete das Amt bis zu seinem Tod 1698. Das Fürstenpaar hatte zunächst wie alle Bischöfe von Osnabrück seit dem 12. Jahrhundert auf der Iburg im südlichen Landkreis Osnabrücks gelebt und entschloss sich deshalb zum Bau einer repräsentativen Residenz in der eigenen Bischofsstadt.

Zunächst wurden das mächtige Hauptgebäude, der Vorhof und der Garten bis 1673 angelegt, dann folgten die Flügelbauten um den Innenhof. Da sowohl Ernst August I. von Braunschweig-Lüneburg als auch seine Nachfolger das Schloss eher selten nutzten, wurden die Pläne des Gartenarchitekten Martin Charbonnier nur ansatzweise verwirklicht.

Seit 1803 war das Osnabrücker Schloss Verwaltungsgebäude und nach der Zerstörung bis auf die Außenmauern im Zweiten Weltkrieg Pädagogische Hochschule und seit 1974 Verwaltungsgebäude der Universität Osnabrück.

Umgeben wird das Schloss von Neubauten der Universität und der Stadthalle.

Schloss, Gartenseite (oben) und Flügelbauten um den Innenhof (unten), Ansicht vom Innenhof und von der Straße

Johanniskirche

Das im Zuge der Säkularisation 1803 aufgelöste Stift Sankt Johann geht auf die Gründung Bischof Detmars (1003–23) von 1011 zurück. Die stattliche heutige Hallenkirche von 1256–92 mit Querhaus und quadratischem Chor ist eines der herausragenden frühgotischen Bauwerke Niedersachsens. Der gerade Chorabschluss mit drei Fenstern und die Untergeschosse der Doppelturmfassade mit Fensterrose zitieren den Dom Sankt Petrus. Die drei Turmobergeschosse mit gotischen Maßwerkfenstern und die Steilgiebel der Seitenschiffdächer stammen aus dem frühen 14. Jh. Der Südwestturm besitzt eine barocke Haube von 1740. Anfang des 14. Jhs. errichteten die Stiftsherren die Sakristei südlich des Chors und den Kreuzgang mit dreiteiligen Maßwerkfenstern an der Nordseite der Kirche sowie links neben der Fassade an der Johannisstraße die Kreuzkapelle. An den Chor schließen zudem zwei Flügel des ehemaligen Kapitelhauses (13.–15. Jh.) an.

Johanniskirche, Fassade und Kreuzkapelle (oben), Innenraum (links), Kreuzgang (unten links) und Ansicht von Süden (unten)

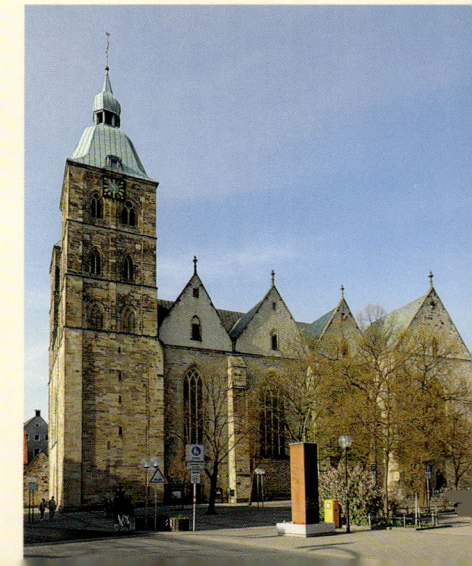

Von der Ausstattung sind das Sakramentshaus (um 1440) und der Hochaltar von 1512 des Münsteraner Bildhauers Evert van Roden hervorzuheben. Die Schatzkammer beherbergt ein kostbares Kapitelkreuz des 13. Jhs., Reliquienkästen, Monstranzen, Kelche und Skulpturen.

geöffnet täglich 7.30–19 Uhr; Schatzkammer im Rahmen der Kirchenführung an jedem ersten Samstag im Monat um 11 Uhr

Johanniskirche, Chor und Kapitelhaus (oben), Fassade (links) und Kreuzgang (unten)

Pfarramt (Johannisfreiheit 12) von 1906/07 unten: Johannisstr. 92/93 (um 1800) und Süserstr. 3 (um 1860)

Ehem. Kloster Gertrudenberg, Gesamtansicht (oben), Kirche und Äbtissinnenhaus (unten)

Kirche nur zu Gottesdienstzeiten geöffnet

Kloster Gertrudenberg

Das ehem. Benediktinerinnenkloster geht auf eine Gründung unter Bischof Udo von Steinfurt (1137–41) zurück. Dabei konnte eine bereits bestehende Kirche übernommen werden, deren älteste Teile – die gewölbten Turmuntergeschosse – noch von Bischof Bennos II. im späten 11. Jh. gestifteten Kirchenbau und der frühmittelalterlichen Michaeliskapelle stammen. Das einschiffige Langhaus und das Turmobergeschoss wurden 1230/35 errichtet, wenig später folgte der Bau des südlichen Querarms als Äbtissinnenempore.

Von der ehem. Klosteranlage sind neben der Kirche St. Gertrud auch Teile des Kreuzgangs (12. Jh.), das stattliche Äbtissinnenhaus, das 1765/67 Maurermeister Christian Luschgy erbaute, und das Torhaus von 1709 erhalten geblieben. Nach der Auflösung des Klosters 1803 (Säkularisation) diente die Anlage als Zeughaus und ab 1849 als Lazarett, aus dem sich das heutige Krankenhaus entwickelte.

Vermutetes Gelände der Varusschlacht im Park Kalkriese, Ansicht vom Turm des Museumsbaus